勤労者の皆様へ

　本冊子は、働く人やその周囲の人たちのこころの不調（特にうつ病）、ひいては自殺を予防するための留意点や対応法などを具体的にまとめたものです。

　厚生労働省の調査によると、働く人の半数以上が仕事や職業生活に強い不安、悩み、ストレスを感じています。それらが主因や誘因となって、多くの人にうつ病などの心の不調が生じていることも報告されています。また、有職者（自営業などを含む）の自殺は、毎年8,000件以上発生しています（平成28年統計）。

　あなた自身や、あなたの職場の身近な人がこころの不調に陥らないために、また、こころの不調による変化、自殺のサインに早めに気づき、適切な対処や援助を行うために、ぜひご一読ください。

　日常（平常時）から緊急時まで、いくつかの場面を想定して、簡潔に要点を掲げています。まずは一度全体に目を通して、次からは状況に応じて必要な部分を拾い読みしていただくことをお勧めします。

【「こころの不調」という用語について】

　本冊子で用いている「こころの不調」とは、精神の病気に留まらず、その予備群すなわちストレスが高まっていることにより、その人らしい仕事や家庭生活ができにくくなっている状態をも含むものです。

　厚生労働省は、「精神及び行動の障害に分類される精神障害や自殺のみならず、ストレスや強い悩み、不安など、労働者の心身の健康、社会生活及び生活の質に影響を与える可能性のある精神的及び行動上の問題を幅広く含むもの」をメンタルヘルス不調と定義していますが、それと同義とお考えください。

クイック目次

 急ぐときは、必要な部分だけ、目を通してください

自分のこと	自分のこころの健康のチェック	P 4
	困難な問題に直面したとき	P 18
	自殺したい気持ちのとき	P 9

身近な人のこと	気になる人を見かけたら	P 5
	うつ病のサインに気づいたら	P 6~8
	自殺のサインは	P 13
	自殺の危険を感じたら	P 14~15

ストレスが多いと感じるとき		P 17~19

相談先を知りたくなったら		P 22~23

目　　次

勤労者の皆様へ

第1章－うつ状態・うつ病への気づき--- 　4

第2章－うつ状態・うつ病が疑われる人への対応 -------------------------------- 　6

第3章－自分自身のリスクマネジメント -- 　9

第4章－自殺とその要因--- 　11

第5章－職場の身近な人に自殺の危険を感じたら ----------------------------- 　13

第6章－ストレス関連疾患とその予防--- 　16

第7章－事例紹介 --- 　21

資料－各種相談窓口とホームページ--- 　23

第1章 うつ状態・うつ病への気づき

　こころの不調には、様々な種類がありますが、そのなかでも特に多いのが、うつ状態、うつ病です。

　うつ状態とは、ゆううつな気分がひどく強くなり、物事に対する関心が低下してやる気（意欲）が失せてしまう状態で、**精神的なエネルギーが低下した状態**とも例えられます。いやなことがあった後などの一時的な気分の落ち込みとは通常区別されます。

　重いうつ状態が長く続き、仕事や家庭生活に支障をきたしてしまうと、うつ病と診断されます。うつ病になると、身体面、心理面、行動面に様々な変化が現れますが、その中には自分が気づきやすい変化（表1-1）と、周囲のほうが気づきやすい変化（表1-2）があります。

うつ状態・うつ病のサイン―自分が気づきやすい変化 (表1-1)

1. 気分が落ち込み、楽しくない
2. 悩みや心配事が頭から離れない
3. 何もしたくないし、今まで興味があったことにも関心がない
4. 考えがまとまらず、堂々巡りし、決断できない
5. 仕事への意欲や集中力が低下する
6. 自分には価値がないと感じる
7. 悲観的になる
8. 寝つきが悪く、睡眠の途中や朝早く目が覚める
9. 様々な身体症状が出現する
　　倦怠感（特に朝方が強い）、頭重感、頭痛、めまい
　　ふらつき、食欲低下、吐き気、微熱、腰痛や関節痛の悪化

うつ状態・うつ病のサイン―周囲が気づきやすい変化 (表1-2)

1. 以前と比べて表情が暗く、元気がない
2. 仕事の能率が低下する
3. 積極性や決断力が低下する
4. 凡ミスや事故が増加する
5. 遅刻、欠勤、早退が増加する
6. 周囲の人との会話や交流が減少する
7. 様々な身体症状(頭重感、めまい、倦怠感、筋肉痛、関節痛など)の訴えが増す

(いずれも、本人の以前の状態との比較で気づく)

第2章 うつ状態・うつ病が疑われる人への対応

うつ状態やうつ病が疑われる人への対応には、以下のことに留意すべきです。

うつ状態、うつ病が疑われる人への対応－留意すべきこと (表2-1)

1. **一方的に叱ったり、非難したりしない**
   「そんなことでどうする」「何をぐずぐずしているのだ」
   「自分の立場がわかっているのか」

2. **過度に励まさない**
   「これくらいのことを乗り切れないでどうする」
   「周囲の期待を一身に背負っているのだから…」

3. **気合や気の持ちようの問題にしない**
   「そんなの気の持ち方の問題だ」「気にしないことが大事」
   「気分転換してみたら」

4. **努力の問題にしない**
   「もっとしっかりしないと」「努力が足りない」

5. **行動を無理強いしない**
   「運動してみたら」「旅行してみたら」「思いきって…したら」

うつ状態で、活力が落ち、やっとの思いで仕事をしている人に叱責や非難をすると、ただでさえ強くなっている自責感がさらに深まり、ますます落ち込みが強くなる可能性があります。

励ましも慎重にすべきです。**頑張る気力も衰え、無力感を強めている人を励ますと、周囲の励ましや期待に応えられない自分の不甲斐なさや、自分を責める気持ちを強める**ことになります。また、強引に運動やレジャーなどに誘うと、本人にとってはそれが重荷となり、その後の疲労感や気分の落ち込みが増すことになりかねません。

うつ状態やうつ病の人にとって必要なのは休養です。

うつ状態、うつ病が疑われる人への対応−したほうがよいこと (表2-2)

1. まず、声をかけて、**不調感やつらさ、ストレスの状態などについて聴く**
   「疲れているように見えるけど、仕事は順調にいっているの？」
   「最近、残業が多いようだけど、十分睡眠がとれているの？」
   「問題解決のメドはたっているの？」
2. 次に、自分としても、できる範囲内で**援助を行う気持ちは持っている**ことを伝える
3. ストレスの原因が、仕事の負担や職場の人間関係など職場と関係している場合
   ① **上司**と**相談**することを勧める。
   ② **産業保健スタッフ**（産業医、保健師、看護師など）がいる職場であれば、こちらと先に**相談**することを勧めてもよい。

本人が上司や産業保健スタッフとの相談を渋る場合 (表2-3)

1. **本人の了解**が得られれば、上司や産業保健スタッフに相談する
2. 本人の了解が得られない場合でも、必要と判断すれば、**本人の名前を出さず、一般論として、産業保健スタッフに本人の状態を伝えて、今後の対応について話し合う**
   （例：「名前は言えませんが、うつ病が疑われる人がいるのですが…。」）
3. 上司に、本人の体調がよくないように見えることを伝え、**上司から声をかけてもらう**
   （この場合、上司は連絡があったことは話さず、自ら気づいたようにしてもらう）

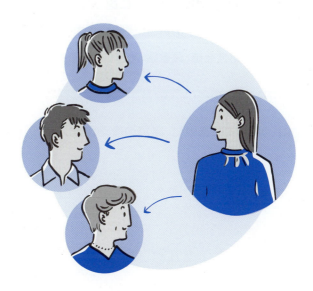

受診の勧め方（産業保健スタッフがいない場合）(表2-4)

1. 専門医の受診が必要か否かの判断は、表1-1、1-2に示した変化、すなわち「日常業務の遂行の困難度」「睡眠障害の強さ」「めまいやだるさなどの身体症状の重さ」「表情や行動の変化の度合い」などがどの程度かにより行う（表2—5）
2. 受診先としては、精神科あるいは心療内科のクリニック、総合病院の精神科あるいは心療内科・神経科がよい
3. 本人が受診を拒否した場合、**家族や先輩、同僚など本人にとって重要なキーパーソンから受診を勧めてもらう**

　休養や治療が必要となった場合、本人が職場から離れてゆっくり休めるようにすることが肝要です。独身や単身赴任などで一人暮らしの人は、一時的にでも家族のもとで過ごすように勧めるのがよいでしょう。

　こころの不調からの回復には、通常時間がかかります。復職の無理強いは禁物です。人によっては、不調の程度が強い時期に辞職希望を出すことがありますが、状態が回復すれば、考え方も変わり、仕事を続けたい思いが戻ってくることも多いものです。重要な決断は、状態が回復してから行うよう助言をする必要があります。

受診や相談をぜひ勧めたい人は (表2-5)

1. 日常の仕事が以前ほどこなせていない
2. 表情や行動が以前と明らかに違っている
3. 不眠（以前より明らかに睡眠時間が短く、眠りが浅い）が1週間以上続いている
4. 身体症状（倦怠感、頭重感、めまい、関節痛など）が強く、仕事に支障が出始めている

　いずれか1つでもあれば、職場の産業保健スタッフか専門医への相談を勧めてください。

第3章 自分自身のリスクマネジメント

　あなた自身がストレスになる出来事に直面したり、長時間労働や負担の多い仕事を続けて、うつ状態・うつ病のサイン（表1-1）に気づいた場合は、表3-1を参考にしてください。

自分自身のリスクマネジメント（表3-1）

1. **問題を一人で抱え込まず、誰かに相談する**
　職場の問題なら、**同僚や上司、産業保健スタッフ（産業医、保健師、看護師）**相談するとよいでしょう。それが難しい場合には、**家族や友人**に話を聴いてもらうのでも構いません。
　借金やローン、離婚などの問題については、弁護士の無料相談を利用する方法もあります（23ページ参照）。

2. **つらい状態が続く場合は、専門医（精神科、心療内科、神経科）を受診する**
　状態が重くなる（症状が強くなる）と、自力で何とかしようと思っても、その考え方が空回りしてもっと苦しくなることも多いものです。きちんとした**休養と専門医による治療**が必要です。**早めに治療すれば、早くよくなります。**

3. **いつでも利用できるように、（日頃から）相談できる機関などのリスト**を作っておく
　「いのちの電話」や厚生労働省の「こころほっとライン」も利用できます（23ページ参照）

　上記のサインがひどくなる前に、上司や同僚と相談して、**ストレスの原因への対策**を考えてください。ストレスが高まりやすい出来事を、表3-2にまとめています。

　表1-1、1-2に示したような変化が強ければ**休養**が必要です。特に不眠が続いたり、仕事が手につかなかったりするようであれば、**専門医を受診**したほうがよいでしょう。治療を開始し、状態が改善してから、ストレスの原因への対策を考えましょう。受診が必要か否かの判断は、表2-5を参考にしてください。

ストレスが高まりやすい出来事 (表3-2)

① 職場での出来事
1) 仕事上の失敗・重い責任の発生（事故や失敗、倫理問題など）
2) 仕事の質・量の変化（長時間労働、IT化・システム変更など）
3) 役割・地位の変化（昇進、降格、配置転換、出向など）
4) 人間関係のトラブル、ハラスメント

② 職場以外での出来事
1) 自分の出来事（病気、家庭内不和、知人とのトラブル、事故や災害など）
2) 自分以外の家族、親族、友人の出来事（親族の死・病気、非行など）
3) 金銭問題（多額の借金・損失、ローン、収入減など）
4) 住環境の変化（転居、騒音など）

●ストレスチェック制度を利用する

　2014年の労働安全衛生法の改正により、年1回の「ストレスチェック」の実施が義務化されました。ストレスチェック制度は、うつ病などの病気を見つけるのではなく、こころの不調を未然に防止することを目的としたもので、当面は労働者数50人以上の事業場で実施が義務づけられています。

　ストレスチェックでは、「仕事上のストレスが自分にとってどのくらい負担になっているか」「ストレス反応がどの程度現れているか」「ストレスを和らげてくれる周囲からのサポートはどのようか」が評価され、個人に結果が返却されます。周囲の人にそれを知られることはありません（法で規定されています）。

　ストレスチェックの結果を活用し、ご自身のストレス状態を振り返るきっかけにしてみましょう。また、「高ストレス者」と判定された場合は、無料で医師による面接指導を受けることができます。

第4章 自殺とその要因

A. 自殺者数の動向

- 年間自殺者数は、1998年から2011年まで3万人を超える状態が続きました。それ以降は減少傾向に転じ、2016年には2万2千人を下回りましたが、自殺率を多くの西欧諸国と比べると、まだ非常に高値です。
- 被雇用者（管理職含む）は6,324人、自営業・家族従事者が1,538人でした（2016年）。
- 自殺は、就労年齢層の死因の上位を占めています。

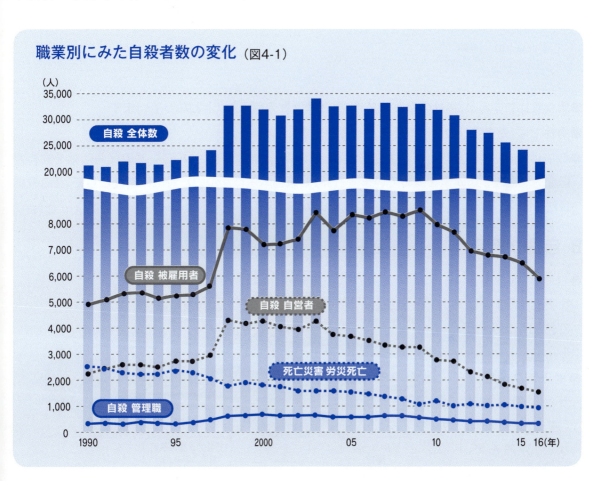

職業別にみた自殺者数の変化（図4-1）

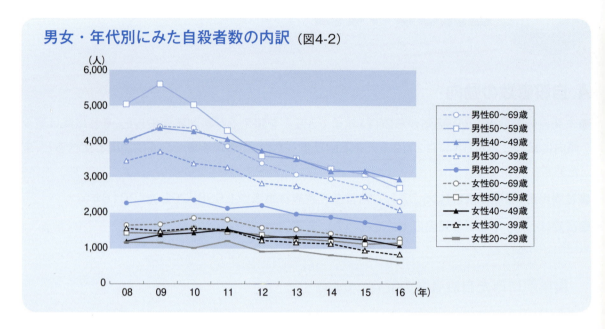

男女・年代別にみた自殺者数の内訳（図4-2）

●男女を比較すると、男性の自殺が多く、男性は女性の約2倍以上となっています。
●男性では、働き盛りの層に多くみられています。
●政府は2006年に自殺対策基本法を定め、地域保健、職域保健、NPOなどの民間活動を含めた総合的な自殺予防対策を進めています。自殺対策基本法に基づいた対策の指針として、「自殺総合対策大綱」が策定され、5年おきに見直されています。

B. 自殺の要因

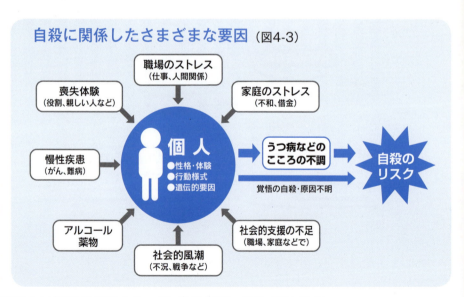

自殺に関係したさまざまな要因（図4-3）

●自殺は、通常様々な要因が関与して発生します（図4-3）。
●様々なストレッサーに個人要因（遺伝、性格傾向など）が絡んで、こころの不調が生じると、一部の人は、死への意識、死にたい気持ちが強くなって、自殺に至ってしまいます。
●こころの病気になると、自殺のリスクが高まりがちになります。自殺のリスクを高める病気としては、うつ病がよく知られていますが、それだけではありません。他にも、統合失調症、アルコール使用障害など、自殺のリスクが高まる病気は少なくありません。

第5章 職場の身近な人に自殺の危険を感じたら

自殺のリスクが高まっているサインを表5-1に示しました。

自殺を示唆するサイン （表5-1）

1. 言葉に表れるサイン
(ア) 直接的表現
　❶「死にたい」「消えてなくなりたい」
　　「生きていくのがいやになった」「来月（次の会議）にはもういないだろう」
　❷自殺に関する文章を書いたり、絵を描いたりする

(イ) 間接的表現
　「楽になりたい」「遠くに行きたい」「もう、これ以上耐えられない」
　「事故で死んだら、どんなに楽かと思う」

2. 行動に表れるサイン
(ア) 直接的行動（よりさし迫ったサイン）
　❶遺書や別れのメールなどを残して失踪する
　❷自殺未遂をする
　❸自殺の準備をする、具体的な計画を立てる
　　・自殺の手段（薬物、刃物、銃、ひも等）を用意する
　　・自殺の場所を下見に行く
　　・自殺に関する書籍を集める
　　・遺書を書く

(イ) 間接的行動（いくつか重なると危険）
　❶身の回りの整理をする
　❷借りていたものを返す
　❸重要な地位を退く、辞退する
　❹昔の友人、知人に連絡する
　❺病気の治療を中断する

3. その他
(ア) 飲酒量が急に増える、飲むピッチがひどく早くなる
(イ) 引きこもる、周囲との接触を断つ
(ウ) 自暴自棄のような、危険な行動をとる（交通事故、大きなケガを起こす）

この中には、状況によって、かなり親しい人でもわかりづらいものもあります。見逃したからといって責められるべきではありませんが、自殺を示唆するサインに気づいたら、表5-2を参考にして声をかけてください。ご自身からの声かけが難しい場合は、上司や産業保健スタッフと相談しましょう。そちらから声をかけてもらったほうがよい場合もあります。

声かけのしかた（表5-2）

1. 声をかける（**自分の言葉で**）
   例えば：「疲れているように見えるけれど、体調が悪いのでは？」
   　　　　「気がかりなことがあれば、話してくれませんか？」

2. 声をかけても、具体的なことを何も話してくれなかった場合
   いつでも相談に乗るから、一人で抱え込まないように伝えて、その場の会話を終える

3. 数日様子をみて、やはり以前と表情や行動が変わっていなければ、再度声をかける。もしくは**上司や産業保健スタッフと相談**し、声をかけてもらう

自殺を考えていることが明らかになった場合、あわてずに、まず、自分の気持ちを落ち着かせ、話を聴いてください。

自殺を考えていることが明らかになった場合（表5-3）

1. すぐに、**相手の話や考えを否定しない**

2. 自殺を考えるほど苦しんでいる**相手の気持ちを受け止めようとする**
   「自殺を考えるほど大変だったのですね」

3. 悩んでいる内容が明らかになった場合、自分としても解決のための援助を行う用意があることを伝える

4. 次に、**専門家（産業保健スタッフ、精神科・心療内科医など）に相談することを勧める**

5. **キーパーソン（家族、友人、親しい先輩・同僚など）と連携し、一緒に専門医を受診**することを勧める

6. 一人で対応せず、産業保健スタッフ（いなければ、人事担当者や家族）などと相談して、**複数の人と協力して対応する**

こころのリスクマネジメント

- 自殺を考えていることが明らかになった場合、あわてずに、**相手の自殺したいほどつらい気持ちを受け止めてあげてください（受容と共感）。あなたを信頼しているからこそ話してくれたの**です。
- 即座に「バカなことを考えてはいけない」「家族や周囲のことも考えてみなさい」などと言って、**相手の気持ちを否定しない**ことが大切です。
- よく話を聴いたうえで、「今の苦しい状態がこころの病によるものかもしれないこと」「こころの病であれば、治療によってよくなること」「心配事の内容に関しては同僚（仲間）としても、解決のための援助を行う用意があること」を伝え、**産業保健スタッフあるいは精神科医（心療内科医）に相談**することを勧めます。**本人を一人にしておくのは危険**なので、自分か誰かが同行したほうがよいでしょう。
- 専門家に相談することを渋った場合には、**本人の了解を得て、家族や上司、友人などのキーパーソンに連絡**をとるのがよいでしょう。そちらからも専門家に相談に行くように本人に働きかけ、できれば同行してもらうように依頼します。
- 自分一人ではなく、**複数の人と協力して対応**してください。たとえ本人が誰にも話さないでほしいと言っても、そのままにしておいてはいけません。
- 自殺を考えている人は、気持ちに余裕がなくなり、**思考の範囲が狭くなって、（本人が感じている）苦境から逃れるには、自ら命を絶つしか解決策がないように考えてしまう**ことが多いものです。「今は休養が必要なこと」「自分では分からないかもしれないが、こころの病に陥っている可能性が高いこと」「こころの病なら、治療でよくなること」「つらい状況を何とかするために、自分としてもできるだけの手助けをしたいこと」なども、はっきりと伝えてください。自殺を考えている人は、自殺に向く気持ちと生きたい気持ちの間で揺れています。
- 特別な助言などができなくても、**話をゆっくり聴くこと自体が、本人の切迫した気持ちを落ち着かせる効果を持つ**場合も少なくありません。

第6章 ストレス関連疾患とその予防

1. ストレスとストレス関連疾患の発生

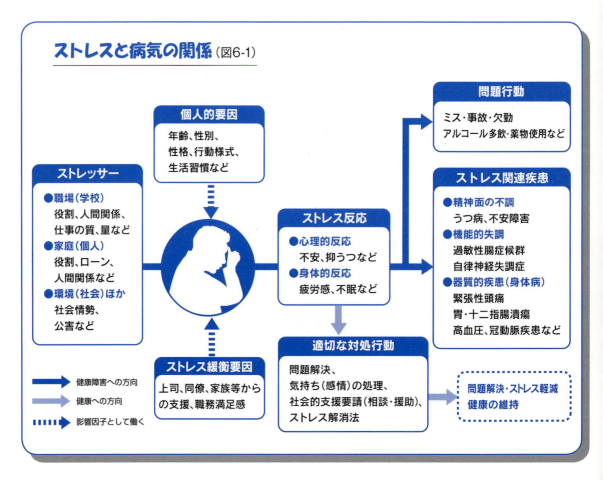

　私たちは日常生活の中で、嫌なことや解決が難しい問題などに直面すると、「気分がすぐれない」「イライラする」「不安が高まる」「眠れない」「疲れやすい」など、こころや体に様々な反応が現れます。このような反応のことを**ストレス反応**、その反応を引き起こす原因を**ストレッサー**（ストレス要因）と呼びます（通常はこの両者を含めて「ストレス」と呼んでいます）。同じストレッサーに直面しても、性格や行動様式、生活体験、自己評価の程度などの**個人的要因**によって、ストレス反応の現れ方は大きく異なります。また、困ったときに相談できる人や援助してくれる人がいる、あるいは仕事や生活に対する満足感が高い場合、ストレス反応が軽減されることがわかっています。これらは「**緩衝要因**」と呼ばれます。

ストレス反応は、ストレッサーに直面すれば、本人が気づいている、いないにかかわらず、誰にでも現れます。そして、ストレッサーが大きすぎる、あるいはストレッサーがいくつか重なるなど、耐えられる限界を超えてしまうと、心身のバランスが崩れ、**うつ病、胃・十二指腸潰瘍、心筋梗塞**などの病気に至ることになります。このようにして生じた健康障害をストレス関連疾患といいます。また、場合によっては反社会的な行動や危険な行為などの問題行動をとるようになることもあり得ます。

ストレス反応がさほど強くない段階で、ストレッサーとなっている問題を解決する、あるいはストレス反応を軽減するなどの適切な行動（**ストレス対処行動**）をとることができれば、ストレス関連疾患のリスクを低下させ、健康を維持できることになります（図6-1）。

2. ストレス関連疾患の予防（セルフケアのヒント）

ストレス反応を和らげる方法がいくつか知られています（表6-1）。

ストレスに強くなるためのヒント （表6-1）

❶ 自分に合った**ストレス解消法**を見つける
趣味、スポーツ、レジャー、会食、雑談など

❷ 適切な**ストレス対処行動**をとる
積極的な問題解決、周囲への相談、発想の転換（プラス思考）

❸ 望ましい生活習慣（**ライフスタイル**）を身につける
食事、睡眠、運動、休養のバランスを見直す

❹ **自己評価（自尊心）**を高める
日常の仕事、良い点を積極的に評価する

---

① 日常のいら立ち事に対して－ストレス解消法

毎日のちょっとしたいら立ち事（雑用に追われる、仕事がはかどらない、友人と口論になったなど）に対しては、趣味、スポーツ、レジャーなど、自分に合った**ストレス解消法**を見つけ、実践することが有効です。ストレス解消法は、一つだけでなく、いくつか持っておきましょう。しかし、深刻な問題に対しては、こうしたストレス解消法を実践するだけでは根本的な解決には結びつかず、ストレス反応を和らげるのは難しいため、次に述べる**適切なストレス対処行動**をとることが望まれます。

② 困難な問題に対して－ストレス対処行動

●積極的な問題解決

　自分が直面しているストレッサーは何かを明確に分析し、対策を立てます。その際、**問題点を整理し、それに関連した情報を集めて、解決に向けた選択肢と優先順位を考え、実際の状況に合った行動**をとるよう心がけます。このような**問題解決型の行動は、ストレス反応を低下させるのに効果的**であることがわかっています。また、依頼や要請を受けたときに、時間的あるいは能力的な余裕がない場合は、その旨をきちんと伝え、**上手に断る**ことも大切です。

●周囲への相談

　難しい問題に直面したら一人で抱え込まず、上司や同僚、家族、友人、産業保健スタッフに相談し、援助を求めることも勧められます。どうにもならない問題やそれに伴う葛藤について、**誰かに聴いてもらうことで、悲しみ、怒り、不満などが発散され、気持ちを立て直せます**。また、それは状況を客観的に見直すことにもつながります。**仲間や良き相談相手がいる人は、ストレス関連疾患になりにくい**ことが多くの研究で明らかにされています。

●発想の転換（プラス思考）

　困難な状況に直面したとき、嫌々行動したり、いつまでも不運を嘆くよりも、「この問題を解決すれば自分はもっと成長できる」「このときの経験は後できっと役に立つ」「難しいからこそやりがいがある」というように、**プラス思考の方向へ発想を転換したほうが、問題解決や克服のための意欲が高まります**。

③ **生活習慣（ライフスタイル）**

　食事、睡眠、運動、休養のバランスなど、**望ましい生活習慣**を身につけることで、心臓病、脳血管障害、がんといった**身体の病気の発症リスクが低下**するだけでなく、**こころの健康度も高まる**ことが知られています。

④ **自己評価（自尊心）について**

　「自分は人並みかそれ以上の仕事、あるいは給与に見合うだけの仕事をしている」「少なくとも周囲に迷惑はかけていない」など、ある程度**自分をプラスに評価している人はストレスに強く、こころの健康度が高い**ことがわかっています。謙虚であることは自己を成長させるために大切であり、根拠のない自信は周囲を困らせもしますが、過度に自己を卑下する必要はありません。「毎日の仕事をこなしている」「組織の一員として与えられた役割を果たしている」など、当たり前と思われている点を積極的に評価することや、達成できそうな目標を設定し、一つひとつ達成していくことなどによって、自己評価を高められます。

● 睡眠の重要性

　良質の睡眠をとることは、心身の健康を保つために非常に重要です。睡眠不良は、注意力や集中力の低下をも招きますから、職種によっては、仕事を安全に行う面でも、睡眠のとり方に留意する必要があります。また、**こころの不調では、睡眠に影響が出がち**になります。睡眠は、こころの健康のバロメーターとも言えるでしょう。

　厚生労働省は、よい睡眠を確保するための指針を公表しています。

よい睡眠を確保するための 12 箇条（厚生労働省）

　1. 良い睡眠で、からだもこころも健康に。
　2. 適度な運動、しっかり朝食、ねむりとめざめのメリハリを。
　3. 良い睡眠は、生活習慣病予防につながります。
　4. 睡眠による休養感は、こころの健康に重要です。
　5. 年齢や季節に応じて、ひるまの眠気で困らない程度の睡眠を。
　6. 良い睡眠のためには、環境づくりも重要です。
　7. 若年世代は夜更かし避けて、体内時計のリズムを保つ。
　8. 勤労世代の疲労回復・能率アップに、毎日十分な睡眠を。
　9. 熟年世代は朝晩メリハリ、ひるまに適度な運動で良い睡眠。
10. 眠くなってから寝床に入り、起きる時刻は遅らせない。
11. いつもと違う睡眠には、要注意。
12. 眠れない、その苦しみをかかえずに、専門家に相談を。

● アルコールには要注意

　お酒には、気分を高揚させたり、リラックスさせたりする効果がありますが、飲酒量が多すぎると、心身に様々なダメージを与えます。ストレス解消のための飲酒が、実はストレスを高めている場合も少なくありません。就寝前に睡眠薬代わりに飲酒するのも勧められません。**アルコールは睡眠の質を落とし、深い眠りを妨げ、結果的に翌日の眠気につながり**ます。

　個人差はありますが、健康に有害な影響を及ぼさないためには、飲酒量はビールで中瓶1本、日本酒で1合程度までで、週2日は休肝日（飲酒しない日）を設ける必要があります。女性や高齢の方であれば、この基準よりも少なめに考えるべきです。もちろん、飲めない人（少しの飲酒で、顔が赤くなる、動悸が強くなる、嘔気をもよおす）は、無理に飲まないのが一番です。

第7章 事例紹介

上司の連携で自殺を予防できた事例

　Aさんは43歳の男性で、結婚して中3と中1の子供がいます。食品会社の配送と営業を中心に21年間勤めてきました。この間、某県内の数箇所の営業所勤務を経験しています。40歳のとき、某支店の係長に昇進しましたが、管理職としてうまく部下を使えず、営業成績もよくなかったので、43歳のとき、配送を中心とした部門に異動になりました。そこでは、配送は繁忙時のみ手伝い、主に個別訪問をして注文をとり、顧客を増やす仕事に就くことになりました。

　しかし、半年たっても顧客は増えず、ノルマが達成できないため、営業会議のたびに責任者からは厳しく指摘されるようになり、だんだん仕事に行くのが負担になり、倦怠感、頭痛、ふらつき、意欲や集中力の低下を自覚するようになりました。次第に自分の仕事の適性に疑問を感じるようになり、自分を責め、「会社を辞めたい」「死にたいが家族がいるのでそれもできない」という心の葛藤は大きくなって、いつも頭の中を占め、だんだん追いつめられていきました。また、眠れないため寝酒をするようになり、毎朝頭重感がありました。

　そんなとき、個別訪問の途中で自動車事故を起こしてしまいました。事故による頭部外傷と軽い意識障害があったので、救急車で運ばれ、近くの脳外科に入院しました。脳には異常がなく、14日間で退院できたのですが、退院が近づくと、復職後、前の仕事を続けていくことに対する不安が強くなり、見舞いに来た仲のよかった同僚に、仕事に自信がないこと、事故で死んでいたらどれほど楽だったかと思うことがしばしばあると話しました。

　同僚はAさんの悩みをよく聴いた後、本人の了解をとってAさんの上司にそのことを話しました。Aさんの上司は、Aさんとその家族に連絡をとり、現在の主治医（脳外科）とも相談して、精神科クリニックを受診するように勧めました。 Aさんは精神科クリニックに通院することになり、その後順調に回復して、2ヶ月後には復職することになりました。

　復職に際して、**上司は、Aさんの了解のもとに、一緒に主治医（精神科）を訪問し、Aさんの復職後の仕事について意見を求めました。** 主治医からは「以前の仕事に戻せば病気が悪化する可能性が高い」とのアドバイスが得られました。**人事部署とも協議**の結果、Aさんは内勤で配送関係の事務的な仕事を担当することになりました。この異動も効を奏して、Aさんはその後欠勤もせずに以前と同じように働いています。

> **コメント**
>
> 　Aさんが同僚に悩みを話したことから、流れが変わりました。同僚からAさんの悩みの内容を聞いた上司が、主治医に相談し、その意見をもとに人事担当者と協議して、Aさんのストレスの原因となっていた当時の仕事内容を変えてもらったことにより、自殺の危険を回避できました。後日、Aさんは「事故の前は死ぬことばかり考えていた」と述べています。

緊急時のための準備－連絡先の情報など

　社内の健康管理部門や外部の専門組織・医療機関についての情報などは、緊急の場合にすぐ利用できるように一覧表を作成しておくことをお勧めします。次ページの「資料」を参考に、次の表を完成させてください。

健康管理部門や外部の専門的組織、医療機関についての情報

- ●社内の健康管理部門（産業医、保健師、看護師）　　　　　　

- ●いのちの電話　　　　　　

- ●近隣の医療機関

　　・精神科　〔　　　　　　　　　　　　〕　　　　　　

　　・心療内科〔　　　　　　　　　　　　〕　　　　　　

　　・神経科　〔　　　　　　　　　　　　〕　　　　　　

- ●精神保健福祉センター　　　　　　

- ●保健所　　　　　　

- ●産業保健総合支援センター　　　　　　

- ●地域窓口（地域産業保健センター）

資　料
各種相談窓口とホームページ

● **誰にも相談できずに困ったときは…**

- 厚生労働省
  <電話相談>
  「こころほっとライン」　　0120-565-455
  <メール相談>
  働く人の「こころの耳メール相談」
  http://kokoro.mhlw.go.jp/mail-soudan/
  （上記ホームページから送信できます）

- （一社）日本いのちの電話連盟（電話相談）
  「東京いのちの電話」　　03-3264-4343
  　＊全国の「いのちの電話」は、次のホームページをご覧ください。
  http://www.find-j.jp/

- （一社）日本産業カウンセラー協会（電話相談）
  「働く人の悩みホットライン」　03-5772-2183

- 内閣府（＊電話をかけた所在地の公的な相談機関に接続されます）
  「こころの健康相談統一ダイヤル」　0570-064-556

- 精神保健福祉センター（全国一覧）（来所相談など）
  http://www.mhlw.go.jp/kokoro/support/mhcenter.html

● **メンタルヘルスについての相談は…**

- 産業保健総合支援センター（全国一覧）、地域窓口（地域産業保健センター）
  http://www.johas.go.jp/shisetsu/tabid/578/Default.aspx
  http://www.johas.go.jp/sangyouhoken/tabid/333/Default.aspx

- 労災病院（勤労者メンタルヘルスセンター）（全国一覧）
  http://www.johas.go.jp/shinryo/senmon/tabid/389/Default.aspx

● **法律問題で相談したいときは…**

- 日本弁護士連合会の各地区法律相談センター
  https://www.nichibenren.or.jp/contact/consultation/legal_consultation.html

本冊子は、「職場における心の健康対策班編：こころのリスクマネジメント（勤労者向け）（第2版）」（中央労働災害防止協会、2007年）を大幅に改訂したものです。

【編著者】
産業医科大学産業生態科学研究所精神保健学研究室
　廣　　尚典
　真船　浩介
　日野　亜弥子

【監修】
永田　頌史　産業医科大学名誉教授

【執筆協力者】
久保田進也　九州産業大学
森田　哲也　（株）リコー
三島　徳雄　池見記念心療内科クリニック

こころのリスクマネジメント＜勤労者向け＞
－あなたとあなたの周囲の人のために－

平成16年10月22日　第1版第1刷発行
平成19年10月19日　第2版第1刷発行
平成30年 1 月30日　第3版第1刷発行

編　著　者●産業医科大学産業生態科学研究所精神保健学研究室
発　行　者●阿部　研二
発　行　所●中央労働災害防止協会
　　　　　〒108-0023
　　　　　東京都港区芝浦3丁目17番12号　吾妻ビル9階
電　　話●販売　03(3452)6401
　　　　●編集　03(3452)6209
印刷・製本●文唱堂印刷(株)
デザイン●(株)太平社

落丁・乱丁本はお取り替えいたします。　©UOEH-IIES-MH　2018
ISBN 978-4-8059-1790-9 C3060
中災防ホームページ　http://www.jisha.or.jp/

 本書の内容は著作権法によって保護されています。本書の全部または一部を複写（コピー）、複製、転載すること（電子媒体への加工を含む）を禁じます。